Naiem Ahmadinejadfarsangi

Les enfants de Khomeiny

Naiem Ahmadinejadfarsangi

Les enfants de Khomeiny

فرزندان خمینی

Éditions Muse

Imprint

Cover image: www.ingimage.com

Publisher:
Éditions Muse
is a trademark of
Dodo Books Indian Ocean Ltd., member of the OmniScriptum S.R.L Publishing group
str. A.Russo 15, of. 61, Chisinau-2068, Republic of Moldova Europe
Printed at: see last page
ISBN: 978-620-3-86453-3

Les enfants de Khomeiny

فرزندان خمینی

Naiem ahmadinejadfarsangi

Table des Matières

Introduction

Les Iraniens ne pouvaient toujours pas contenir l'excitation de la révolution et les cris de victoire. Les jeunes et les adolescents ont peint les rues avec leurs écrits. C'est comme si vous étiez dans une maison de peintures d'enfants. Des bonbons et des chocolats ont été distribués dans les rues. Les sourires des rues et leurs yeux joyeux étaient ravis. Il y avait des débats idéologiques dans les ruelles de la ville. L'un considérait que la base de tout dans le monde était la « croissance économique » et la « création de richesse » ; En réponse, un autre ne considérait pas la base de la cosmologie comme Dieu et le Créateur et tout comme unité. Un autre se penchait vers l'est, criant en faveur de la classe ouvrière et du prolétariat, et les bannières vivantes du « capitalisme » s'agitaient.

Finalement, la majorité de la société s'est dirigée vers l'unité de la parole et a choisi l'islam comme base de vie avec l'orientation de la constitution. Une autre célébration de la victoire a eu lieu dans la communauté pour porter à nouveau cette grande décision sur la scène. Mais de l'autre côté des eaux, il y avait ceux qui ne semblaient pas manquer la joie de la fière nation iranienne. Cette nouvelle littérature, qui pouvait avoir un impact sur la scène mondiale, devait être arrêtée. Ils disaient que cette révolution pouvait être un modèle pour d'autres nations, et que la modélisation de ce mouvement était très dangereuse pour les intérêts des puissances arrogantes, qui avaient jusqu'alors considéré la région comme leur vie privée. Que devrions nous faire? Il faut recourir au différend arabo-persan ; Le capital du pouvoir doit être stimulé pour le développement d'un Irak plus grand. Une personne qui a des antécédents de dictature, d'intimidation, de stupidité arabe et de soif de pouvoir doit être traire et tuée dans la nation opprimée d'Iran. De nombreuses rencontres et sorties séries et super-séries pour un grand feu d'artifice ont commencé. Les villes frontalières de l'Iran ont été lâchement attaquées par voie terrestre et aérienne. Beaucoup d'enfants, de vieilles femmes et de vieillards ont été tués. En septembre 1980, un raid brutal a commencé. Le peuple iranien a résisté au monstre fou qui avait envahi les frontières du pays, sans armes de pointe et avec un équipement de base, et à Khorramshahr, les soldats anonymes de l'Imam Khomeini ont fait preuve d'une telle stabilité qu'il a été inscrit dans l'histoire comme un mythe à jamais. . L'imam Khomeini, qui fascinait le nombre croissant de jeunes par son comportement et son discours, a appelé les

Basijis et tout le peuple à se dresser contre ce démon maléfique en s'appuyant sur Dieu, et c'était comme si la jeunesse iranienne avait été invitée à un Croyant au pouvoir divin, ils se précipitèrent pour entendre du sang, des balles et de la poudre à canon et créèrent un pouvoir contre lequel tous les yeux se fixèrent.

L'homme et la spiritualité

La spiritualité a un impact énorme sur l'évolution des êtres humains. Le bien-être, la science, la vie et tout ce qui est nécessaire à l'homme et à la société humaine trouvent sens, concept et beauté avec la spiritualité. Le monde sans spiritualité est comme un corps sans âme qui se décompose rapidement ; la vitalité, le mouvement, l'espoir, la beauté et la paix sont des concepts qui sont atteints avec la spiritualité. A la lumière de la spiritualité, l'homme matériel devient un homme divin et ses désirs deviennent des désirs divins, et l'on peut influencer le monde et l'histoire et transformer l'humanité. La spiritualité rend aussi l'homme fort et fort face aux pouvoirs arrogants et lui donne force de cœur et courage. Et enfin, la spiritualité est l'aile du vol humain dans le royaume suprême et les vérités immatérielles de l'univers.

Jihad et spiritualité

À première vue, on comprend que le jihad et la spiritualité ne sont pas seulement sans rapport mais aussi opposés l'un à l'autre car chacun cherche son propre esprit ; Le mystique a besoin d'un esprit délicat qui lui brise le cœur avec une petite étincelle et des larmes coulent de ses yeux, tandis que le guerrier a besoin d'un esprit violent et d'un cœur dur qui peut vaincre l'ennemi. Le fait est que le djihad et la spiritualité sont à la fois des vertus et des perfections et il n'y a aucune contradiction entre eux. Le vrai mystique vient du jihad et de la lutte dans la voie de Dieu, et le vrai combattant vient aussi du mysticisme, et si un mystique devient dominant, son mysticisme n'est rien de plus qu'un magasin, et s'il n'est pas un combattant de la connaissance, son la guerre ne sera pas une épopée sacrée. Le but des êtres humains matériels est la guerre, l'eau, la terre et le butin, tandis que le but des êtres humains divins en guerre est l'exaltation de la parole de Dieu, et ils ne sont pas disposés à partager quoi que ce soit d'autre dans ce but sacré. Culte Au premier plan des croyances religieuses et à la racine de toute spiritualité se trouvait l'amour de l'essence sacrée du Tout-Puissant, qui embrassait et transformait les guerriers de l'existence des guerriers et les préparait à avancer sur le chemin de la rencontre divine. Cet amour a amené les guerriers à aimer leur bien-aimé et à aller jusqu'à s'éloigner de la beauté de Dieu et à ne voir que Dieu, et tous leurs comportements et actions sont pour le plaisir de Dieu. Le facteur le plus important dans la victoire des guerriers dans cette guerre inégale était leur foi et leur croyance en Dieu, dont l'ennemi manquait malgré tout l'équipement. Le courage et le sacrifice de tous les guerriers de l'Islam découlent de leur foi et de leur croyance en Dieu, et quiconque aide Dieu, Dieu sera son aide. L'imam Khomeini a déclaré que nous devrions remercier Dieu pour les victoires spirituelles qui ont apporté un si grand changement dans notre jeunesse, a-t-il déclaré : Vous allez voir ces places fortes, voyez les mosquées, ces places fortes, ces places fortes sont les centres de la mystique, les centres du monothéisme, et dans ces centres où ils s'affairent la nuit et se sacrifient le jour. Ces actes d'adoration sincères avaient conduit les guerriers à un tel degré de certitude qu'ils étaient libérés de tous les liens impies et ne voyaient que Dieu et ne faisaient pas un pas sans son consentement.

Confiance

Un autre domaine de l'émergence de la spiritualité est la confiance et sa signification est que l'homme a confiance en Dieu et lui confie ses affaires avec confiance en son bon jugement et sa destinée. La confiance enlève le flambeau de l'espoir dans le cœur illuminé et en ôte le désespoir et le désespoir, donne du courage et de la paix à l'âme parce que le dépositaire s'appuie sur Dieu et Dieu suffit à une telle personne. Dieu dit dans le Saint Coran : Celui qui se confie en Dieu, Dieu lui suffit. (Divorce / 2) L'une des valeurs que les guerriers de l'Islam ont réussi à faire passer par le cou de la sainte défense était la confiance en Dieu. Alors qu'ils croyaient pleinement à l'aide et au soutien de Dieu, et se regardaient eux-mêmes, leurs armes et leur équipement uniquement avec les yeux d'un outil, ils lui laissaient les choses sans se dérober à la responsabilité de la défense et abandonner l'effort, et Dieu nous en préserve. Il n'a pas laissé la confiance et la confiance sans réponse et a vaincu les guerriers. L'imam Khomeini, le guide suprême, les commandants de la sainte défense et les guerriers de l'Islam ont déclaré à plusieurs reprises que nous pouvions vaincre l'ennemi en nous appuyant sur Dieu.

Souvenir de Dieu

Dans le Saint Coran et les hadiths des Infaillibles (AS), il y a beaucoup d'emphase sur le souvenir de Dieu, et ce dhikr est important pour provenir du cœur et amener l'homme à un stade où le monde entier est en présence de Dieu. Un tel dhikr donne au croyant paix et force dans les épreuves. Le Saint Coran déclare : O vous qui croyez, soyez ferme face à l'ennemi et souvenez-vous beaucoup de Dieu. Dans l'épopée de la sainte défense, les guerriers de l'Islam ont augmenté leur force spirituelle en gardant vivant le souvenir de Dieu, et ont pu se défendre comme ils le méritaient. Le souvenir de Dieu était si attrayant qu'il séparait les gens du royaume du royaume et les reliait au royaume.

Le souvenir de Dieu ouvrait les impasses des opérations et calmait les guerriers. Un autre facteur dans le renforcement de la spiritualité était la récitation du Coran. En récitant le Coran, les guerriers ont tous deux orné leur cœur du souvenir de Dieu et ont gagné en force. D'autres manifestations de spiritualité dans la défense sacrée étaient la prière, le mystère et le besoin, et dont les prières sont plus dignes d'être exaucées que les prières des moudjahidines pour l'amour de Dieu, qui cherchaient le mystère et le besoin non pas dans l'isolement mais dans la lutte mystique.

Relation spirituelle avec

les Imams (AS) Un autre cas de renforcement de la spiritualité dans la sainte défense était l'amour et la connexion du cœur avec les Imams (AS). Sans recours, une relation spirituelle avec Dieu n'est pas possible car Dieu dit de chercher un moyen de s'approcher de Lui, et c'est dans les hadiths des Infaillibles que nous sommes les moyens de Dieu et de la création. Par conséquent, faire appel aux Ahl al-Bayt est à la fois un chemin et une lumière pour le chemin, en supprimant les obstacles et en nous donnant une vitesse inimaginable pour marcher sur le bon chemin. Les plus beaux exemples d'amour et d'affection pour les Imams des Infaillibles (AS) ont émergé lors de la sainte défense, de sorte que les noms de la plupart des divisions, brigades, bataillons, camps, casernes étaient l'axe des opérations et leur nom de code était le nom d'Ahl al-Bayt (AS) De plus, les noms et les souvenirs des Imams (AS) étaient gravés sur les drapeaux, bandeaux, plaques et portes et murs des façades. En plus d'aimer les Imams, les guerriers de l'Islam les appelaient à la victoire et leur demandaient de les aider dans les moments difficiles et cruciaux. Les effets de cet amour et de ce recours à la défense sacrée sous forme de martyre, d'abnégation, d'oppression et de dignité cherchaient à se cristalliser de manière objective et évidente

Sincérité

La sincérité signifie purifier toutes les actions et comportements pour Dieu Tout-Puissant de telle manière que ses croyances, pensées, paroles, mouvements et résidences soient pour le plaisir de Dieu. Et cette qualité très importante ne peut être atteinte qu'avec un soin constant dans la lutte contre les désirs et les convoitises pour enlever toute la rouille noire et dure et celui qui obtient ce succès de toute intention, pensée, parole et action autre que Dieu est purifié. La sincérité joue un rôle décisif dans la guerre. Un combattant est apprécié lorsque son travail est pour l'amour de Dieu. Le Saint Coran mentionne souvent l'expression pour l'amour de Dieu après le mot jihad et combat, c'est-à-dire que le jihad doit être fait purement et dans la voie de Dieu et pour Dieu. L'imam Khomeini (ra) lors de la sainte défense a souligné à plusieurs reprises que l'un des facteurs de la victoire des guerriers de l'Islam était leur sincérité car dans la sainte défense, les guerriers ne se sont pas battus pour la renommée des objectifs et de la position du monde, alors il a cru cela parce que La sincérité des guerriers Personne d'autre que les saints de Dieu ne peut les apprécier. Les guerriers de l'Islam, à la fois commandants et forces, considèrent la lutte pour l'amour de Dieu comme l'un des facteurs spirituels importants de leurs victoires et se sont toujours appelés à la sincérité et à l'honnêteté. Les champs de bataille étaient pleins de la sincérité de purs guerriers institutionnels qui fuyaient la renommée mondiale. « La nuit de l'opération, Bodgerdan est arrivé sur le champ de mines. Le temps était compté et un témoin était nécessaire pour ouvrir le champ de mines. Huit personnes se sont portées volontaires. Ahmed a dit : « Nous tirerons au sort. J'écrirai les noms. Quiconque est nommé, nous devons tous obéir. Une personne neutre a retiré un morceau de papier de la main d'Ahmad. Le nom d'Ahmad y était inscrit. Ahmad s'est rapidement rendu sur le champ de mines et a dit : " J'ai gagné. Laisse-moi partir. " Il l'a ouvert et a vu les papiers du nom. mon Dieu! Il n'y avait qu'un seul nom, "Ahmad". C'était un coin de la sincérité du peuple qui a défendu l'Islam et la patrie pendant les huit années de guerre. Alors que les êtres humains matériels ne peuvent pas digérer ces choses. Un instructeur militaire israélien dans une classe d'analyse de guerre de huit ans disait à ses étudiants quand il en venait à ces choses : « Je ne sais pas comment vous expliquer ces choses.

Effectuer le Hajj obligatoire a été et est le souhait de tout musulman pur, mais les grandes personnes ont préféré rester sur les champs de bataille pour se rendre au sanctuaire de Dieu, et à la place, Dieu a acheté leur vie et les a visités au lieu de visiter sa maison. . L'un de ces exemples était le général de division Abbas Babaei, sa femme dit : En 1366, nous étions censés faire un pèlerinage avec Abbas. Après avoir livré les sacs à l'aéroport, j'ai vu une sorte de tristesse sur son visage. En montant dans l'avion, Abbas m'a soudainement appelé et m'a dit : « Que Dieu soit avec vous. " Mes compagnons et moi lui avons dit : « Tu ne viens pas avec nous ? Et Abbas, qui a vu notre insistance, s'est tourné vers tout le monde et a dit : « Ma Mecque est cette frontière et ce paysage. Ma Mecque est les eaux chaudes du golfe Persique et les navires qui doivent passer en toute sécurité ; Jusqu'à ce qu'il n'y ait aucune sécurité, je peux difficilement me satisfaire. La nuit de l'Aïd al-Adha, il a appelé sa femme à La Mecque et lui a dit : al-Adha."

Courage

Le courage est l'une des reines précieuses et l'un des attributs de la perfection humaine. Dans de nombreux versets et hadiths, les croyants sont instruits de ne craindre personne d'autre que Dieu et d'être vigilants contre les ennemis. L'une des arènes qui teste le courage des gens est l'arène du jihad et de la défense, et l'histoire de la guerre imposée prouve que les guerriers de l'Islam les ont attaqués pendant la défense sacrée sans craindre les armes et l'équipement et un grand nombre de forces ennemies. « Pendant l'opération de Jérusalem, nous étions encerclés par l'ennemi avec nos chars. Soudain, notre commandant a décidé d'allumer les lumières des chars en même temps. Au début, nous avons été surpris par cette commande, mais parce que nous avions confiance en "Soudain, ils se sont allumés et éteints, et la zone a été inondée en un instant. Après quelques instants, la voix d'al-Dakhil ou de Khomeini, les Irakiens, s'est élevée et s'est rendue." L'Imam de la Oummah (ra) dans ses messages à l'occasion de la victoire des guerriers sur les fronts mentionnait toujours le courage et la bravoure des guerriers et louait leur grand caractère. Il dit: Dans l'ombre de la spiritualité de l'Islam, la jeunesse zélée d'Iran a atteint le plus haut sommet de la foi et de l'engagement envers l'Islam, et avec un courage et une bravoure sans précédent ont attaqué les infidèles du monde et les ont chassés de leur pays bien-aimé. Notre sainte défense est imprégnée du courage des guerriers, et c'est ce courage et cette bravoure qui ont brisé la fierté de l'ennemi et l'ont forcé à fuir. « Dans l'opération Informed Dawn, nous étions coincés derrière un champ de mines. Que devrions-nous faire ? Le frère, qui avait environ treize ans, s'est levé d'une manière spéciale et a dit : « Je suis volontaire pour traverser ici jusqu'à ce que nous venions dire non, ce champ de mines est compliqué, et vous n'y allez pas. devrait nous mettre sous le feu et nous ouvrir la voie. Sans aucun doute, le courage et la persévérance des seigneurs de la guerre et leur présence sur les lignes de front, même devant les guerriers, et leur planification minutieuse, ont multiplié la force de l'endurance et du courage des guerriers. L'un des grands commandants de la guerre, dont le nom était une source de confiance pour les habitants et la terreur pour l'ennemi, était Sardar Shahid Hassan Bagheri. Sardar Rashid dit du courage de ce grand martyr : "Le martyr Bagheri, qui jouait le rôle d'un stratège et théoricien militaire intelligent, m'a aidé à diriger et à commander l'opération de libération de Bostan avec l'ingéniosité et le tact d'un grand commandant, mais avec une humilité et une dignité dignes d'un grand homme. « Au cours de l'opération, il a été grièvement blessé à la tête et transporté à l'hôpital, mais avec courage, virilité et prévoyance, et malgré sa grave maladie, il est retourné au camp et a pris la relève en tant que chef adjoint des opérations.

Sacrifice

Le sacrifice signifie se sacrifier et mettre les autres avant soi, ce qui est l'une des valeurs hautes de l'Islam. Le sacrifice est un signe de grandeur et de grandeur de l'âme qui se sacrifie. Dans le Saint Coran et les hadiths, ceux qui passent leur vie et leurs biens dans la voie de Dieu sont souvent mentionnés en termes très éloquents. La sainte défense a montré les scènes les plus glorieuses d'abnégation et de sacrifice de notre peuple. Les gens derrière les fronts avec l'abnégation et le soutien total des fronts et les guerriers avec l'abnégation ont créé de telles épopées qu'il ressemble plus à mythe, mais la vérité C'est-à-dire que ceux-ci sont gravés sur le livre sacré de la défense. L'imam Khomeini (ra) dans un message a exprimé les scènes d'abnégation du peuple iranien comme suit : ›A moins que nous et vous ne voyions pas chaque jour ces caravanes de Karbala qui vont au martyre avec enthousiasme, amour et soif, ne voyez-vous pas les grands champs de combat des agresseurs chaque jour qui sourient à la mort et créent des miracles ? brille partout dans ce pays, le propriétaire du sacrifice spirituel? Il y a un certain degré d'abnégation, d'abnégation de la vie, de la propriété, d'abnégation pour soigner et sauver les autres, et enfin l'abnégation de prendre des risques. Aux moments de défense sacrée, toutes ces chutes d'eau se manifestent simultanément par certaines personnes. L'un de ces cas est lié aux femmes de Khorramshahr au début de la guerre. La sœur de Shahla Haji Shah raconte : « Dans l'après-midi, nous sommes allés identifier les martyrs. De nombreuses mères et épouses de martyrs ont été lavées. Certaines d'entre elles ont été enterrées. Quelques jours plus tard, ma sœur Shahnaz a été martyrisée et nous avons voulu l'enterrer. J'ai vu mon frère Hussein (qui a été martyrisé quelques jours plus tard) devant la Grande Mosquée et je lui ai dit : « Nous voulons enterrer Shahnaz. » Il a dit : « Je ne viendrai pas. Les Irakiens sont entrés par les portes de la ville et une guerre au corps à corps a commencé. "Il n'y avait pas d'eau au Paradis des Martyrs pour baigner ma sœur. Un homme a dit qu'il n'avait pas besoin de se baigner pendant que les boulets de canon atterrissaient près de nous. Ma mère a enterré ma sœur de ses propres mains." L'abnégation des guerriers pendant les huit années de sainte défense est le moment le plus étonnant de l'histoire de l'Iran islamique. Ceux qui ont résisté à l'arrogance comme une montagne en s'appuyant sur Dieu et en faisant appel aux Infaillibles (AS) et ont laissé des moments mémorables, seront des souvenirs durables et formidables qui seront inscrits dans l'histoire et seront un phare pour l'avenir. L'un des commandants de la guerre dit à propos de l'abnégation de l'un des guerriers sous son commandement : "Pendant l'opération Karbala, quatre ennemis ont créé des barrières solaires très difficiles à franchir. Le soir de l'opération, ces obstacles n'avaient pas été levés. Lorsque l'attaque du Corps des gardiens de la révolution islamique a commencé, j'ai vu une personne tomber sur les soleils. J'étais heureux et je me suis dit qu'il était un martyr du bonheur. Je Je suis retourné voir qui était ce martyr. J'ai vu qu'il était vivant et qu'un des gardes de service s'appelait Hamidi Nia et que tout son corps était blessé. Je l'ai ramassé du soleil et j'ai vu l'un des couchers de soleil devenir aveugle et lui a dit pourquoi il a fait cela. Il a dit que j'ai vu que le travail était verrouillé et bloqué. "Après l'opération, j'ai raconté l'affaire à M. Mohsen Rezaei, et il l'a emmené chez l'imam, et l'imam l'a félicité."

Humilité

L'humilité est l'humilité qui empêche de se connaître mieux que les autres, et dans le mot, humble est dit celui qui se soumet à ceux qui lui sont inférieurs en position et en position. L'un des effets et des fonctions de la spiritualité qui se manifestait dans la défense sacrée était l'humilité des guerriers de l'Islam, ceux qui recherchaient l'anonymat à la hauteur de leur nom et de leur symbole. Des commandants qui considéraient leurs subordonnés plus pieux et meilleurs qu'eux-mêmes, et au lieu de se considérer comme leurs commandants, ils les considéraient comme leurs serviteurs et en étaient fiers. L'imam Khomeini, en tant que chef de la révolution et commandant en chef des forces, a été humble dans divers messages et discours aux guerriers et a déclaré : J'aimerais être un gardien, que font-ils et que fais-je, ils vont combattre l'ennemi de l'Islam et je suis ici et je ne peux pas. "Je suis gênée quand je vois à la télé qu'un groupe de femmes, des femmes d'un même pays, sont assises et préparent du pain pour ces jeunes qui travaillent sur les fronts, font du pain et font des colis. Pourquoi nous, ce que nous sommes et ce qu'ils sont. L'histoire de la Sainte Défense témoigne que les commandants de la guerre dans différents rangs se considéraient toujours comme un Basij et ne voulaient pas que leurs noms soient sur les langues, ou avoir plus de facilités que les autres guerriers, ils commandaient seulement une plus grande responsabilité et par conséquent plus travail, ils savaient. Témoignage L'un des facteurs pour gagner une guerre est de prendre des risques et d'accueillir la mort, et ce facteur mène à la victoire. S'il est dit dans les versets et les hadiths que la puissance de chaque combattant est égale à plusieurs personnes de l'ennemi ou le martyre du sommet est une valeur sublime et c'est à cause de leur désir de martyre. Le martyre a été et est le désir de tout le peuple élu de Dieu du premier au dernier, parce que la personne qui cherche le martyre ne combat que dans le chemin de Dieu. C'est ainsi que le Saint Coran décrit les martyrs Ne pensez pas que ceux qui sont tués dans la voie de Dieu sont morts, mais qu'ils sont vivants, pourvus par leur Seigneur. L'une des valeurs sur laquelle les guerriers de l'Islam ont pu déterminer le sort de la guerre imposée d'une manière différente dans la sainte défense était l'esprit de martyre des guerriers de l'Islam et l'esprit qui considérait être tué sur le champ de bataille comme vie et honneur. L'imam Khomeini (ra) lors de la sainte défense a souvent mentionné cet esprit de grandeur et de grandeur et a dit dans ses discours et messages : Notre nation considère le martyre comme son honneur et est une pionnière du martyre, les jeunes accueillent le martyre à bras ouverts, les anciens combattants disent de prier pour que nous devenions des martyrs, l'amour du martyre flotte dans le cœur des hommes et des femmes, vieux et jeunes, les révolutionnaires Gardes Ils ont versé des larmes pour aller au front et être martyrisés. Le culte inconditionnel et la servitude des guerriers et l'amour du martyre en ont fait des êtres humains devenus mortels à la manière de Dieu et donc pris en charge par les purs Imams. L'une de ces personnes, habillée en ouvrier, est venue au front dans la sainte défense pour atteindre de tels stades de développement que le Guide suprême l'a félicité et a recommandé que je voudrais que tout le monde lise la biographie de ce commandant Rachid. lieu de son martyre. Son état indique : Un jour, nous étions assis ensemble dans la tente de commandement lorsque le martyr Abdul Hussein Bronsi, le commandant de la brigade Javadalameh (AS), a déclaré : « C'est ma dernière opération. Le soir de l'opération, il a corrigé son visage, est allé aux toilettes et a porté l'uniforme des pasdarans, et a été martyrisé dans la même opération (Badr), et comme il l'avait dit à plusieurs reprises et son cœur le voulait, il a disparu. Les guerriers considéraient la guerre comme un devoir divin et croyaient que s'ils étaient martyrisés ou gagnés de cette manière, ils seraient heureux dans les deux cas. Le martyre était une pensée chez les guerriers et une soif envahissait leurs âmes. Les propriétaires de cette pensée avaient réalisé que le martyre est le chemin le plus proche et le plus doux et le mouvement le plus rapide vers l'Imam bien-aimé, et à travers cet homme trouve la vie éternelle et éternelle, on observe donc que le marié laisse la mariée dans la chambre et va à Cela devient quelque chose qui n'a aucun sens dans le cerveau des êtres humains matériels « Lorsque Mohammad Reza s'est marié, il n'a pu passer qu'une nuit à Mashhad, et le lendemain il est reparti pour la région. Quoi que ses amis et sa famille lui aient dit de rester, attendez au moins une semaine. Les jeunes mariés sont alors partis. Il a refusé. Il a dit que la région avait besoin de moi. Préliminaire a été martyrisé. Le jour où son corps a été enterré, il a écrit sur son cercueil : « Bonne nuit, marié, pour ton martyre.

Comparaison des performances de l'armée irakienne

et des combattants iraniens L'armée irakienne a rasé les villes et villages qu'elle avait capturés au début de la guerre ; Dans certains cas, il n'a même laissé aucune trace de la vie des plantes et des animaux. Pour cette raison, lorsque les guerriers iraniens ont repris ces zones, ils n'ont vu aucune trace de 1300 villages du Khuzestan et ont projeté des ombres de villes telles que Abadan, Khorramshahr, Qasr Shirin, Dehloran, Hoveyzeh, Mosian, Gilan-e-Gharb, Bostan , Mehran, Shush, Susangard et... Il ne restait plus rien. En revanche, les villes et régions d'Irak libérées par les combattants iraniens étaient à l'abri de toute attaque. Par exemple, lors de l'opération Wal-Fajr 10, au cours de laquelle des parties de la province irakienne de Sulaimaniyah sont tombées aux mains des forces iraniennes, des informations faisant état de commandos envahissant des propriétés gouvernementales et privées ont provoqué une réponse rapide et décisive des commandants. À cet égard, Mohsen Rezaei, commandant en chef des gardiens de la révolution, dès qu'il a eu connaissance de tels incidents, qui, bien sûr, étaient peu nombreux, a immédiatement informé les commandants des rangs pour éviter que de tels incidents ne se reproduisent. avec un contrôle et une supervision rapprochés. Même lors du bombardement chimique d'Halabja, des combattants iraniens ont consulté l'Imam sur l'utilisation de denrées périssables, auquel il a répondu : « Les guerriers peuvent utiliser des matières périssables appartenant aux personnes restées dans la zone d'opération ; "Mais si le propriétaire du bien est retrouvé, ils devraient le lui rendre comme ça." L'histoire du barrage de Darbandikhan La question de l'explosion du barrage de Darbandikhan, qui aurait mis la capitale irakienne, Bagdad, sous une menace grave et dangereuse, est une autre mesure que la République islamique d'Iran a refusé de franchir pendant les huit années de guerre imposées, malgré la possibilité le faire. Selon les documents disponibles, des plans ont été faits pour faire sauter le barrage même en temps de guerre. Au cours des opérations Valfajr 10 et Jérusalem 4, au cours desquelles des combattants iraniens étaient stationnés sur les rives du barrage du lac Darbandikhan, la possibilité d'explosion du barrage a été considérablement augmentée. Même le gouvernement irakien, qui croyait que l'Iran profiterait de l'occasion en or pour porter un coup sévère à l'Irak, a planifié et mené des manœuvres à Bagdad pour se préparer à une telle éventualité. Mais les responsables politiques et les décideurs militaires de la République islamique d'Iran n'ont jamais pris de telles mesures. Opérations aériennes Tout comme l'utilisation d'armes de destruction massive et les attaques contre les civils étaient interdites aux niveaux décisionnels dans les échelons supérieurs de la République islamique, la pratique l'était au niveau des combattants. À cet égard, il est rapporté du martyr Abbas Doran qu'un jour, selon l'ordre, il était chargé de détruire le pont ; Mais avant de détruire le pont, il remarque qu'une voiture personnelle passe dessus. Pour cette raison, afin de ne pas endommager cette voiture, ils contournent le pont, et lorsque la voiture a traversé le pont, elle détruit le pont. Dans un cas similaire, le pilote du martyr Seyyed Alireza Yassini aurait déclaré que le 27 octobre 1959, quatre avions F-4 avaient été envoyés pour bombarder le pont d'Alkot. Le pont, qui reliait le sud de l'Irak à son nord, était vital pour l'ennemi, et sa destruction a coupé le soutien aux forces ennemies dans la région du sud ; Mais lorsque les avions étaient prêts à détruire le pont, ils ont vu un certain nombre de civils traverser le pont et ont décidé d'attendre que le pont soit isolé avec un renouvellement aérien. Lorsque les avions retournent sur le pont, il y a encore beaucoup de monde sur le pont. Dans cette situation, les quatre avions se détournent et larguent leurs bombes sur des cibles militaires sur le chemin du retour.

Ressources :

. À : Nematullah Pourmohammadi, Les droits humanitaires dans la guerre Iran-Irak, Centre d'études et de recherche sur la guerre du CGRI, première édition, 2006, Téhéran, pp. 194-179.
Hossein Alaei, Le processus de la guerre Iran-Irak, Border and Canvas Publishing, première édition, 2012, Téhéran, volume 1, page 629.
Akbar Hashemi Rafsanjani, Peace and Challenge (Records and Memoirs of 1983), Office for the Publication of the Knowledge of the Revolution, Troisième édition, 2007, Téhéran, p. 269.
Institut pour l'organisation et la publication des œuvres de l'Imam Khomeini (RA), Sahifa Imam (Collection des œuvres de l'Imam Khomeini), Institut pour l'organisation et la publication des œuvres de l'Imam Khomeini, Deuxième édition, 2000, Téhéran, Vol. 18, pp. 212 -211.

Printed by Books on Demand GmbH, Norderstedt / Germany